Bald ist Weihnachten

Wir lesen, singen und basteln

Ein vorweihnachtliches Buch
mit Illustrationen von
Hildrun Covi
und Geschichten von
Mario Covi

FAVORIT-VERLAG • RASTATT

Inhaltsverzeichnis

Früher Winter

In diesem Jahr kam der Winter überraschend früh. Und er kam sehr plötzlich. Sechs Wochen vor Weihnachten schneite es so heftig, dass über Nacht das ganze Land mit Schnee zugedeckt wurde. Als die Menschen in den Häusern am Rande der kleinen Stadt erwachten, staunten sie über das Strahlen des Winters...

6

Die freundliche Nachbarschaft

Das ist Familie Jakob. Herr Jakob wird von seiner Frau Doris gerne mal Rolfi genannt. Das ist Frederik immer furchtbar peinlich. Doch seine Schwester Sandra sagt dann immer: „Das ist doch nicht schlimm. Papa findet es ganz in Ordnung." Die kleine Hanna ist der Liebling der ganzen Familie. Die Familie Jakob wohnt im gelben Haus.

Im grünen Haus leben die Volkmanns. Der Vater heißt Werner und die Mutter Barbara. Die Volkmanns haben zwei Töchter. Die ältere der beiden hört auf den schönen Namen Laura.
Lauras Schwester hört am liebsten nicht, wenn sie gerufen wird. Denn wenn die kleine Nora spielt, vergisst sie alles, was um sie herum geschieht.

Petra Hofer wohnt mit ihren Kindern Sven und Tim im roten Haus. Ihr Mann Norbert ist als Monteur oft im Ausland unterwegs. Im Augenblick hat ihn seine Firma nach Amerika geschickt. „Wieder mal Weihnachten ohne Papa", murrt Sven. Zur Familie Hofer gehört auch ein kleiner Hund, der Benni heißt.

Das blaue Haus gehört Clara und Olaf Jansen. Alle in der Nachbarschaft nennen sie Oma und Opa Jansen. Manchmal aber wird Opa Jansen auch 'Käpten' genannt, weil er viele Jahre Seemann war. Die beiden sind übrigens die Eltern von Petra Hofer, also auch die Großeltern von Sven und Tim. Die Katzen heißen Pirat und Klabautermann.

Mamas Namenstag

Vor ein paar Tagen sagte Papa Volkmann zu seinen Töchtern: „Eigentlich könnten wir am 4. Dezember Mamas Namenstag feiern!" Laura und Nora waren gleich einverstanden. Und dann erzählte er von einem alten Brauch, der mit Mamas Namen Barbara zusammenhängt. Denn Barbara hieß auch eine Heilige, die vor langer, langer Zeit gelebt hatte. Damals wurden Christen wegen ihres Glaubens verfolgt. Man erzählt sich, dass die heilige Barbara einen Kirschzweig heimlich mit ins Gefängnis nehmen konnte. Sie stellte ihn ins Wasser - und eines Tages war er voller wunderbarer Blüten.

„Seit jener Zeit ist es Brauch, am Tag der heiligen Barbara Kirschzweige ins Haus zu holen", erklärt Mama und reckt sich nach einem Ast.

„Und was machen wir mit den Zweigen?", wollen die Mädchen wissen. „Wir stellen sie in eine Vase - und an Weihnachten werdet ihr mitten im Winter Frühlingsblüten bewundern dürfen!"

Tag der heiligen Barbara

(4. Dezember)

Mario Covi

Ein alter Brauch, du kennst ihn kaum,
verspricht dir Frühlingsblühen.
Als Wunder unterm Weihnachtsbaum
beim Wunderkerzensprühen.

Du musst am Tag der Barbara
nur in den Garten springen.
Mit Zweigen aus dem Kirschenbaum
wird dir der Spaß gelingen.

Stell' nun die frisch geschnitt'nen
Triebe in einen Krug hinein.
Drei Wochen drauf, am Weihnachts-
fest, die Blüten dich erfreu'n!

Advent, Advent
Frederik Vahle

Advent, Advent,
ein Lichtlein brennt.
Erst eins, dann zwei,
dann drei, dann vier,
dann steht das Christkind
vor der Tür.

Nikolaus

Petra, die Mutter von Sven und Tim, erinnert ihre Jungen: „Stellt eure Schuhe vor die Tür, denn morgen ist Nikolaustag!"

Vor dem Schlafengehen erzählt sie vom heiligen Bischof Nikolaus, vom Weihnachtsmann, vom Knecht Ruprecht und vom Santa Claus der Amerikaner. „Auch wenn sein Name in jedem Land ein wenig anders klingt", sagt sie, „der heilige Nikolaus ist immer der Freund und Schutzpatron der Kinder."

Petra erklärt, dass in anderen Ländern die Gebräuche am Nikolaustag verschieden sind: „In Holland zum Beispiel wird der Nikolaus Sinter Klaas genannt. Dort kommt er in einem Boot übers weite Meer. Dann reitet er mit seinem Begleiter, dem Schwarzen Peter, über die Dächer und lässt Geschenke in die Kamine der Häuser fallen. Deshalb füllen die Kinder in Holland ihre Holzschuhe mit Heu und Mohrrüben und stellen sie vor den Kamin, um das Pferd des Sinter Klaas anzulocken."

Glücklich zeigen Sven und Tim am nächsten Morgen ihre gefüllten Schuhe: „Schau mal, was uns der Nikolaus gebracht hat!"

Knecht Ruprecht
Theodor Storm

Von drauß' vom Walde komm ich her;
ich muss euch sagen, es weihnachtet sehr!
Allüberall auf den Tannenspitzen
sah ich goldene Lichtlein sitzen;
und droben aus dem Himmelstor
sah mit großen Augen das Christkind hervor.
Und wie ich so strolcht' durch den finsteren Tann,
da rief's mich mit heller Stimme an:
„Knecht Ruprecht", rief es, „alter Gesell,
hebe die Beine und spute dich schnell!
Die Kerzen fangen zu brennen an,
das Himmelstor ist aufgetan,
Alt' und Junge sollen nun
von der Jagd des Lebens ruh'n;
und morgen flieg' ich hinab zur Erden,
denn es soll wieder Weihnachten werden!"
Ich sprach: „O lieber Herre Christ,
meine Reise fast zu Ende ist;
ich soll nur noch in diese Stadt,
wo's eitel gute Kinder hat." -
„Hast denn das Säcklein auch bei dir?"
Ich sprach: „Das Säcklein, das ist hier;
denn Äpfel, Nuss und Mandelkern
essen fromme Kinder gern."
„Hast denn die Rute auch bei dir?"
Ich sprach: „Die Rute, die ist hier;
doch für die Kinder nur, die schlechten,
die trifft sie auf den Teil, den rechten."
Christkindlein sprach: „So ist es recht;
so geh mit Gott, mein treuer Knecht!"
Von drauß' vom Walde komm ich her;
ich muss euch sagen, es weihnachtet sehr!
Nun sprecht, wie ich's hier drinnen find'!
Sind's gute Kind', sind's böse Kind'?

Der Wackelbaum

An einem grauen Wintertag sitzen die Kinder der Nachbarschaft bei Opa Jansen und bitten ihn: „Erzähl doch mal, wie das an Weihnachten auf See war!"

„Oh, oh, viel zu oft war ich Weihnachten auf See und die Mama von Sven und Tim musste ohne ihren Papa das Christfest feiern!" Er wendet sich an seine beiden Enkelkinder und sagt: „Und nun ist euer Papa ausgerechnet an Weihnachten in Amerika. Da hätte eure Mama gleich einen Seemann heiraten können, hohoho!"

„Aber wie war das auf dem Schiff?", erinnern die Kinder den gemütlichen Seebären. „Tja, meistens waren es normale Arbeitstage auf hoher See. Aber es gab ein besonderes Essen, oft auch Post von zu Hause. Und immer hatten wir einen Weihnachtsbaum!" „Einen richtigen Tannenbaum?", fragt Sandra.

„Klar, mit allem Drum und Dran, mit Kerzen, Glaskugeln und allem, was an so 'n Baum gehört. Es kam allerdings nicht selten vor, dass der geschmückte Weihnachtsbaum bei hohem Seegang kenterte, einfach koppheister schoss - und alles war zerdeppert und sah dann ziemlich traurig aus. ."

„Wie schrecklich!", rief Nora. Opa Jansen winkte ab und lachte: „Das hatten wir doch alles im Griff. Die Kerzen funktionierten ja noch, und statt Kugeln und dem ganzen Trara wurden Äpfel, aus Alufolie ausgeschnittene Sterne, Drehspäne, Messingringe und allerlei andere glitzernde Metallreste an den Baum gehängt. Sah richtig gut aus, der olle Wackelbaum!" Als die Kinder noch mehr hören wollen, holt Käpten Jansen ein Buch und liest ihnen eine weihnachtliche Katzengeschichte vor.

Pfötchen, die Weihnachtskatze

Das Haus am Waldrand steht verlassen da. Niemand kümmert sich um die kleine Katze. Sie wartet seit vielen Tagen auf den freundlichen Mann, der ihr immer Futter gibt. „Und lieb gestreichelt hat er mich", erinnert sie sich...
Traurig und ein bisschen vorwurfsvoll schaut sie zurück. Sie überlegt, dass der alte Mann bestimmt nicht mehr zurückkehren wird. „Ich muss mir ein neues Zuhause suchen", sagt sich das Kätzchen und macht sich auf den Weg...

Der Weg durch den Wald scheint endlos zu sein. Langweilig wird es der jungen Katze aber nicht. Vor allem dann nicht, als es anfängt zu schneien. Es ist der erste Schnee in ihrem Leben...

Ausgelassen spielt sie mit den wundersamen Fliegefederflocken. Immer dichter fallen sie auf die Erde. Neugierig versucht sie, die Flocken mit der Zunge aufzufangen. „Die sind ja richtig kalt!", stellt sie fest...

Es will gar nicht mehr aufhören zu schneien...

Müde und hungrig sucht das Tier Schutz in einer Baumhöhle. Es ist so erschöpft, dass es sofort einschläft.

Am folgenden Tag bricht das Kätzchen früh auf. Es ist ziemlich anstrengend, durch den hohen Schnee zu stapfen. Doch schon bald sieht die Katze ein Haus, das ihr sehr gut gefällt. „Wenn hier freundliche Menschen wohnen, dann werde ich bleiben", entscheidet sie. Erwartungsvoll nähert sie sich dem Haus...

Es dauert nicht lange, da haben Bille und Daniel das Kätzchen entdeckt. Daniel holt Mama. Die Kinder betteln: „Lass es rein, Mama! Schau, wie es friert und miaut!"
Mama hat ebenfalls Mitleid mit dem Tier und sagt: „Ach, du siehst so niedlich aus! Da kann man doch gar nicht nein sagen..."

Die Katze bekommt etwas warme Milch. Bille und Daniel schauen glücklich zu, wie sie ihren Hunger stillt. „Sie hat ganz weiße Pfoten", sagt Daniel. „Wir sollten sie Pfötchen nennen", schlägt Bille vor. Die Kinder versprechen Pfötchen, noch heute richtiges Katzenfutter zu besorgen. „Wir haben nur Puckis Vogelfutter und Heu für unser Meerschweinchen im Haus. Aber das magst du bestimmt nicht", neckt Bille das Tier...

Mama sagt: „Pfötchen wird sicherlich versuchen, an eueren Wellensittich heranzukommen. Wir können die Katze nicht im Haus lassen!"
Die Kinder protestieren: „Aber ins kalte Winterwetter können wir sie auch nicht hinausjagen!" Sie einigen sich, dass Pfötchen im Gartenschuppen wohnen soll. Die Katze krabbelt sofort in den gemütlichen Korb.

Trotzdem schafft es die Katze immer wieder, ins Haus zu gelangen. Sie möchte unbedingt das eingeschüchterte Meerschweinchen jagen. Auch bei Pucki versucht sie ihr Glück. Der fidele Vogel weiß bestimmt nicht, wie gefährlich Katzenkrallen sind...

Bevor Pfötchen wirklich zu viel Ärger macht, hat Mama eine großartige Idee: „Wie wäre es, wenn wir das Kätzchen Tante Lehmann zu Weihnachten schenkten?"
Erst vor kurzem war nämlich der geliebte dicke Kater der alten Dame gestorben...
Am Weihnachtsmorgen überreicht die gesamte Familie Pfötchen als Weihnachtskatzenüberraschung...

Als Pfötchen die alte Dame erblickt, weiß sie sofort: „Das ist mein Mensch, hier gehöre ich hin!"

Frau Lehmann ist sehr, sehr glücklich. Eigentlich hat sie befürchtet, ein trauriges und einsames Weihnachten feiern zu müssen.
Nun aber schnurrt dieses Schmuse-tierchen auf ihrem Schoß.
„Pfötchen...", murmelt sie zufrieden und streichelt sanft das Fell der Weihnachtskatze...

Besuch aus Polen

Einige Tage vor Weihnachten bekommt Familie Jakob Besuch. Doris freut sich sehr auf ihre Kusine und erzählt ihren Kindern: „Sonja kommt aus Polen."

„Dann verstehen wir sie ja gar nicht!", sagen Frederik und Sandra enttäuscht.

Als Sonja dann gemütlich am Kaffeetisch sitzt, sind die Kinder sehr erstaunt, wie tadellos gut die junge Frau deutsch spricht und von ihrer Heimat erzählt: „Bei uns ist es üblich, dass man am Heiligen Abend so lange mit dem Essen wartet, bis der erste Stern leuchtet. Dann drängeln sich die Kinder an den Fensterscheiben und schauen in den Nachthimmel. Jedes Mädchen und jeder Bub möchte natürlich als Erster rufen: „Ich hab einen Stern gesehen!"

Außerdem berichtet Sonja, dass man in Polen fest daran glaubt, dass die Tiere in der Weihnachtsnacht miteinander sprechen können und sagt: „Wäre bestimmt lustig, wenn wir Menschen dabei zuhören könnten, nicht wahr?"

Plätzchen backen

Am Samstag vor dem zweiten Adventsonntag lädt Oma Jansen Frederik und
die Schwestern Laura und Nora zum Plätzchenbacken ein. Buttergebäck und
Nusshörnchen sollen gebacken werden.
Oma erklärt den Kindern, wie's gemacht wird...

Buttergebäck

Wir brauchen: 200 g Butter, 100 g Zucker, 2 Eier, 300 g Mehl, Vanille, Zitrone und Zuckerperlen.
• Die weiche Butter mit einem Ei und Zucker verrühren.
• Mehl, Vanille und Zitrone beimengen und den Teig kneten.
• Zwei Stunden kühl stehen lassen und dann auf einen halben Zentimeter Dicke ausrollen.
• Die verschiedenen Formen ausstechen und auf ein Backblech setzen.
• Dann ein Ei verquirlen, das Gebäck bestreichen und mit Zuckerperlen verzieren.
• Und nun in den Ofen: bei 200 Grad (Umluft 180 Grad) 12 bis 14 Minuten backen.

Nusshörnchen

Dafür brauchen wir: 170 g Butter, 100 g Zucker, 1 Ei, 250 g Mehl, 150 g gemahlene Haselnüsse, Zimt und Blockschokolade.
• Die weiche Butter mit Ei und Zucker verrühren.
• Mehl mit Nüssen und Zimt mischen und alles zu einem Teig kneten.
• Jetzt kleine Teigstücke zu Hörnchen formen, auf Backpapier ins Backblech legen und bei 200 Grad (Umluft 180 Grad) etwa 12 Minuten backen.
• Abkühlen lassen, die Schokolade in einer Tasse im heißen Wasserbad auflösen und nun die Hörnchenspitzen eintauchen.
• Dann darf probiert werden...

Eine fröhliche Liederrunde

Am zweiten Adventsonntag laden Oma und Opa Jansen die Kinder aus der Nachbarschaft zu einem Adventsingen ein. Frederik und Sandra bringen sogar ihre kleine Schwester Hanna mit. Auch Laura, Nora, Sven und Tim erscheinen. Als Benni ebenfalls in die Stube drängelt, ermahnt Opa Jansen die Katzen: „Pirat und Klabautermann, lasst die Töle in Ruhe! Verstanden, ihr wüsten Draufgängerkatzen?"

Zur Einstimmung liest Oma Jansen ein Gedicht vor. Danach sagt sie: „Los Olaf, hol endlich dein sturmerprobtes Wimmerholz!" - Sofort holt Opa Jansen seine geliebte Gitarre. Jeder darf sich ein Lied wünschen. Sandra möchte „Leise rieselt der Schnee" singen. Fast alle machen mit. Als sich Nora „Schneeflöckchen, Weißröckchen" wünscht, singen bereits alle mit - bis auf Hanna, die vor Begeisterung quietscht.

Frederik schlägt „Fröhliche Weihnacht überall" vor. Für Hanna wird „Ihr Kinderlein kommet" gesungen. Laura möchte „Am Weihnachtsbaum die Lichter brennen" hören und Sven „Vom Himmel hoch, da komm ich her". Tim weiß nicht so recht, was man sich in so einer Liederrunde wünschen soll. Sein Vorschlag „Hänschen Klein" wird von Opa kurzerhand übersetzt: „Du meinst natürlich das schöne Lied „Lasst uns froh und munter sein", nicht wahr?" - Der alte Seemann wünscht sich „Morgen kommt der Weihnachtsmann" und alle möchten eine Zugabe. Also wird „O du fröhliche, o du selige, gnadenbringende Weihnachtszeit" angestimmt.

Ein schöner Nachmittag geht zu Ende, als die Kinder zum Abschied noch „Stille Nacht, heilige Nacht" und „O Tannenbaum" singen und glücklich nach Hause eilen.

Weihnachten
Joseph von Eichendorff

Markt und Straßen steh'n verlassen,
still erleuchtet jedes Haus,
sinnend geh' ich durch die Gassen,
alles sieht so friedlich aus.

An den Fenstern haben Frauen
buntes Spielzeug fromm geschmückt,
tausend Kinder stehn und schauen,
sind so wunderstill beglückt.

Und ich wandre aus den Mauern
bis hinaus ins freie Feld,
hehres Glänzen, heil'ges Schauern!
Wie so weit und still die Welt!

Sterne hoch die Kreise schlingen.
Aus des Schnees Einsamkeit
steigt's wie wunderbares Singen:
O du gnadenreiche Zeit!

Leise rieselt der Schnee

In den Herzen ist's warm,
still schweigt Kummer und Harm,
Sorge des Lebens verhallt:
Freue dich, Christkind kommt bald!

Bald ist Heilige Nacht,
Chor der Engel erwacht,
hört nur, wie lieblich es schallt:
Freue dich, Christkind kommt bald!

36

Schneeflöckchen, Weißröckchen

Schnee- flöck-chen, Weiß-röck-chen, jetzt kommst du ge-

schneit, du wohnst in den Wol-ken, dein Weg ist so weit.

Komm, setz dich ans Fenster, du lieblicher Stern,
malst Blumen und Blätter, wir haben dich gern.

Schneeflöckchen, du deckst uns die Blümelein zu,
dann schlafen sie sicher in himmlischer Ruh'.

Schneeflöckchen, Weißröckchen, komm zu uns ins Tal;
dann bau'n wir den Schneemann und werfen den Ball.

Fröhliche Weihnacht überall

Fröh - li - che Weihnacht! Ü - ber - all   tö - net durch die Lüf - te fro-her Schall.

Weihnachtston, Weihnachtsbaum, Weihnachtsduft   in   je - dem - Raum!

Fröh - li - che Weihnacht! Ü - ber - all   tö - net durch die Lüf - te fro-her Schall.

Ihr Kinderlein kommet

Ihr Kin-derlein kommet, o kommet doch all! Zur Krippe her
kommet in Beth-lehems Stall und seht, was in die-ser hoch-
hei-ligen Nacht der Va-ter im Himmel für Freude uns macht.

O seht in der Krippe im nächtlichen Stall,
seht hier bei des Lichtleins hell glänzendem Strahl
in reinlichen Windeln das himmlische Kind,
viel schöner und holder, als Engel es sind.

Da liegt es, das Kindlein auf Heu und auf Stroh;
Maria und Josef betrachten es froh;
die redlichen Hirten knien betend davor,
hoch oben schwebt jubelnd der Engelein Chor.

O beugt wie die Hirten anbetend die Knie,
erhebet die Hände und danket wie sie;
stimmt freudig, ihr Kinder, wer wollt sich nicht freun?,
stimmt freudig zum Jubel der Engel mit ein!

Am Weihnachtsbaum die Lichter

Am Weihnachtsbaum die Lichter brennen, wie glänzt er festlich, lieb und mild, als spräch er: Wollt in mir erkennen getreuer Hoffnung stilles Bild.

Zwei Engel sind hereingetreten,
kein Auge hat sie kommen sehn,
sie geh'n zum Weihnachtsbaum und beten
und wenden wieder sich und gehn.

„Gesegnet seid ihr alten Leute,
gesegnet sei du kleine Schar!
Wir bringen Gottes Segen heute
dem braunen wie dem weißen Haar."

Kein Ohr hat ihren Spruch vernommen,
unsichtbar jedes Menschen Blick
sind sie gegangen wie gekommen,
doch Gottes Segen bleibt zurück.

Vom Himmel hoch

Vom Himmel hoch da komm ich her ich bring euch gu-te neue Mär; der
guten Mär bring ich so viel, da-von ich sing'n und sa-gen will.

Euch ist ein Kindlein heut' gebor'n, von einer Jungfrau auserkor'n,
ein Kindelein so zart und fein, das soll euer Freud und Wonne sein!

Es ist der Herr Christ, unser Gott, der will euch führen aus aller Not,
er will euer Heiland selber sein, von allen Sünden euch machen rein.

Er bringt euch alle Seligkeit, die Gott der Vater hat bereit't,
dass ihr mit uns im Himmelreich sollt leben nun und ewiglich.

So merket nun das Zeichen recht: die Krippe, Windelein so schlecht;
da findet ihr das Kind gelegt, das alle Welt erhält und trägt.

Lasst uns froh und munter sein

1. Lasst uns froh- und- munter sein   und uns recht- von- Herzen freun! Lustig, lustig,
2. Dann stell' ich- den- Teller auf,   Niklaus legt- ge- wiss was drauf. Lustig, lustig,
3. Wenn ich auf- ge- standen bin, lauf ich schnell- zum- Teller hin. Lustig, lustig,

1. tra-la-la-la-la! Bald ist Ni - klaus- abend da,   bald ist Ni - klaus- abend da!
2. tra-la-la-la-la! Bald ist Ni - klaus- abend da,   bald ist Ni - klaus- abend da!
3. tra-la-la-la-la! Bald ist Ni - klaus- abend da,   bald ist Ni - klaus- abend da!

Morgen kommt der Weihnachtsmann

1. Morgen kommt der Weihnachtsmann, kommt mit seinen Ga - ben. Bunte Lichter, Silber -zier,
2. Doch du weißt ja unsern Wunsch, kennst ja unsre Her - zen. Kinder, Va-ter und Mama,

1. Kind mit Krippe, Schaf und Stier, Zottel- bär und Panthertier möcht'ich gerne ha - ben.
2. auch sogar der Groß-pa - pa, al - le, al - le sind wir da, warten dein mit Schmerzen.

O du fröhliche

O du fröhliche, o du selige,
gnadenbringende Weihnachtszeit!
Christ ist erschienen, uns zu versühnen:
Freue, freue dich, o Christenheit!

O du fröhliche, o du selige,
gnadenbringende Weihnachtszeit!
Himmlische Heere jauchzen dir Ehre:
Freue, freue dich, o Christenheit!

Stille Nacht, heilige Nacht

Stil – le Nacht, hei-li-ge Nacht! Alles schläft, einsam wacht nur das traute hoch-hei-li-ge Paar.

Holder Knabe im locki-gen Haar, schlaf in himmlischer Ruh – schlaf in himmlischer Ruh!

Stille Nacht, heilige Nacht, Hirten erst kundgemacht;
durch der Engel Halleluja tönt es laut von fern und nah:
Christ, der Retter, ist da! Christ, der Retter, ist da!

Stille Nacht, heilige Nacht! Gottes Sohn, o wie lacht
Lieb aus deinem göttlichen Mund, da uns schlägt die rettende Stund,
Christ, in deiner Geburt! Christ, in deiner Geburt!

53

O Tannenbaum

1. O Tan-nenbaum, o Tan-nenbaum, wie treu sind dei-ne Blät-ter! Du
2. O Tan-nenbaum, o Tan-nenbaum, du kannst mir sehr ge-fal-len! Wie
3. O Tan-nenbaum, o Tan-nenbaum, dein Kleid will mich was leh-ren: Die

1. grünst nicht nur zur Som-merszeit, nein auch im Win — ter, wenn es schneit. O
2. oft hat nicht zur Weihnachtszeit ein Baum von dir mich hoch-er-freut! O
3. Hoffnung und Be-ständig-keit gibt Trost und Kraft zu je — der Zeit. O

1. Tan-nenbaum, o Tan — nenbaum, wie treu sind dei-ne Blät-ter!
2. Tan-nenbaum, o Tan — nenbaum, du kannst mir sehr ge- fal-len!
3. Tan-nenbaum, o Tan — nenbaum, das will dein Kleid mich leh-ren.

Das Lichterfest

„Rolfi", sagt Doris zu ihrem Mann, „erzähl doch den Kindern von der heiligen Lucia!" - Also erzählt Papa, wie in Schweden am 13. Dezember das Luciafest gefeiert wird. Lucia war die Tochter einer reichen Familie auf Sizilien und brachte den verfolgten Christen heimlich Lebensmittel. Um in der Dunkelheit den Weg zu finden und die Hände frei zu haben, setzte sie sich einen Lichterkranz auf.

Aber die Soldaten des römischen Kaisers töteten schließlich die tapfere Lucia. Zum Andenken an die junge Christin basteln sich die schwedischen Kinder Lichterkränze und Sternenhüte, backen Lucia-Brötchen und überraschen die Eltern am Morgen mit einem Frühstück im Bett! Auch Nora, Sandra und Laura basteln sich zum Luciafest einen einfachen Kerzenkranz aus Papier und spielen Frühstücksüberraschung!

Sandras Papa sagt: „Ihr spielt das so toll wie echte Schwedenmädchen! Kommt, zur Belohnung lese ich euch die Geschichte von Molli Brummel vor…"

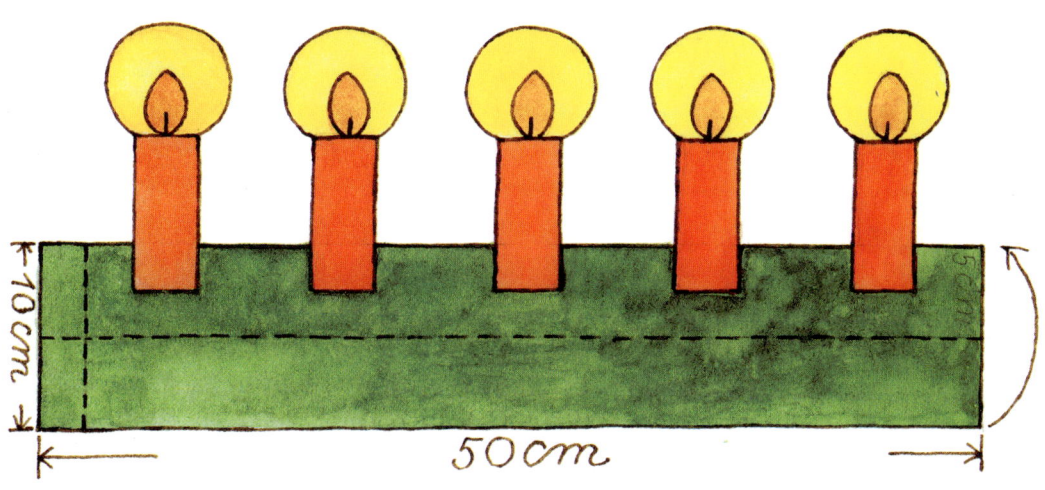

Molli Brummel feiert Weihnachten

Das Bärenmädchen Molli Brummel
ist nachdenklich.
Es ist Herbst, und bald wird die
Bärenfamilie in ihrer
Höhle bis zum Frühling
durchschlafen.

Sie eilt zu ihrem Freund Fritzchen, dem kleinen, schlauen Fuchs.
„Erzähl doch noch mal von Weihnachten", bittet sie.
Fritzchen erzählt vom Brauch der Menschen, im Winter dieses
schöne Fest zu feiern.
Er berichtet von bunt geschmückten Tannenbäumen und
Kerzenlichterglanz! „Hab' ich alles schon mit meinen eigenen
Augen gesehen!", sagt der kleine Fuchs ein bisschen
angeberisch.

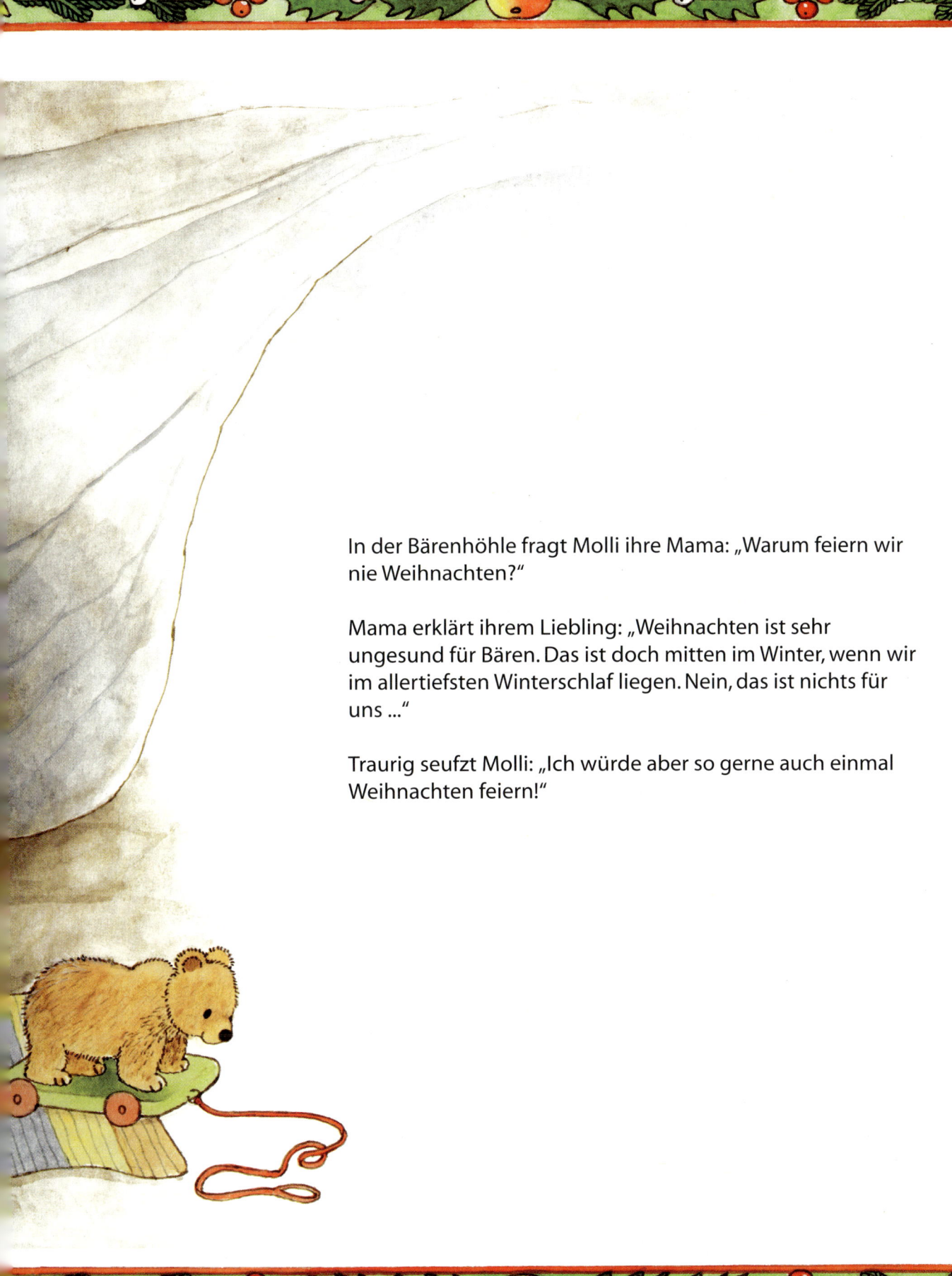

In der Bärenhöhle fragt Molli ihre Mama: „Warum feiern wir nie Weihnachten?"

Mama erklärt ihrem Liebling: „Weihnachten ist sehr ungesund für Bären. Das ist doch mitten im Winter, wenn wir im allertiefsten Winterschlaf liegen. Nein, das ist nichts für uns ..."

Traurig seufzt Molli: „Ich würde aber so gerne auch einmal Weihnachten feiern!"

Als die ersten Schneeflocken fallen, wird es Zeit für Molli, in ihr kuscheliges Winterbett zu gehen.

Fritzchen verspricht seiner Freundin: „An Weihnachten werde ich heimlich in euere Höhle schleichen und dich ganz leise wecken, einverstanden?"

Mit dieser Gewissheit schläft Molli zufrieden ein.

In der Bärenhöhle schläft Familie Brummel seit vielen Wochen.
Fritzchen kostet es ein wenig Überwindung, ins Bärenschlafzimmer zu schleichen.

Vor allem Papa Brummel macht in seinen Winterschlafträumen furchterregende Brumm- und Schnarchgeräusche...

Vorsichtig geht der Fuchs zu Mollis Bett und zupft an der hübschen Flickendecke.

Verschlafen fragt Molli: „Was ist denn? Ist schon Frühling?"

Das schlaue Fritzchen flüstert aufgeregt:
„Pscht! Sei leise! Es ist Weihnachten! Ich habe doch versprochen, dich zu wecken."

Wie Fritzchen, zieht sich auch Molli warm an. Draußen sieht das Bärenmädchen zum ersten Mal in seinem Leben, wie eine verschneite Winterwelt aussieht.
„Das ist wirklich wunderbar!", staunt Molli und stapft durch den knirschenden Schnee.
Fritzchen sagt: „Komm, es ist nicht sehr weit bis zum ersten Haus am Waldrand!"

Am Waldrand treffen Molli und Fritzchen
tatsächlich auf ein verschneites, heimeliges
Häuschen.

„Da wohnen zwei Menschen mit ihrer
Katze. Jedes Jahr stellen sie einen
Tannenbaum in ihre Stube. Sieht echt
super aus!", sagt das schlaue Fritzchen
stolz.

Molli fragt ängstlich: „Tun die uns auch
nichts?"

Fritzchen beruhigt Molli: „Ach was, die sind
lieb und harmlos und merken sowieso
nichts! Los, wir schauen durchs Fenster!"

Das alte Ehepaar mit seiner Katze
genießt den winterlichen
Weihnachtstag.

Draußen staunen die beiden
Tierkinder über den strahlenden
Lichterglanz des Tannenbaums.

„Schau mal, Johanna, wer uns da
heimlich beobachtet", flüstert Gustav.

Seine Frau staunt: „Oh nein! Wie süß!
Komm, lass uns die beiden
hereinbitten!"

„Natürlich", sagt Gustav und geht mit
Johanna und der Katze zur Haustür...

„Hallo! Kommt ruhig herein!", ruft Johanna freundlich. Molli und das schlaue Fritzchen folgen gehorsam. Sie fühlen sich ertappt und sind eingeschüchtert. Und das ist ihnen ein bisschen peinlich.

Aber rasch ist ihre Schüchternheit verflogen, als sie unter dem
prachtvollen Weihnachtsbaum sitzen. Andächtig bewundern sie die
brennenden Kerzen und den bunten Baumschmuck.
Als ihnen Johanna heiße Schokolade und leckere Plätzchen bringt, ist das
Glück der Freunde vollkommen!

Lange plaudern sie unter dem Weihnachtsbaum. Molli erzählt, wie sie sich mit Fritzchen verabredet hat, um auch einmal einen Weihnachtsbaum zu sehen. Gustav und Johanna finden das rührend.

Ab und zu verschwinden sie für ein Weilchen und flüstern miteinander. Doch dann gibt es wieder Plätzchen und Kakao.

Und zum Abschied erhalten sie eine Tüte voller Weihnachtsleckereien..

Es ist spät, als sich Molli und Fritzchen endlich auf den Heimweg machen.

Zum Abschied bedankt sich Molli bei Fritzchen.

Doch mitten in der Nacht bekommt Mollis Glück noch ein Extra-Sahnehäubchen...

Denn es ist mitten in der Nacht, eigentlich mitten im Winterschlaf, als jemand an der Bärenhöhlentür klopft.
„Was soll der Krach!", schimpft Papa Brummel erschrocken. Auch Mama schrickt hoch, und Molli ist gerade dabei, wieder einzuschlummern.

Griesgrämig poltern die Bären vor die Höhle. Die Weihnachtsüberraschung macht sie jedoch ganz sanftmütig.
Irgend jemand hat ihnen ein Tannenbäumchen und einen Topf Honig vor die Tür gestellt.

Irgend jemand?

Molli weiß, das können nur Johanna und Gustav gewesen sein...

Ein Brief aus Amerika

Sven und Tim sind traurig, weil ihr Papa so lange von zu Hause fort ist. Petra tröstet ihre Jungen: „Euer Opa Jansen, mein Papa, war früher so gut wie nie an Weihnachten zu Hause."

Doch welche Freude, als schon am nächsten Morgen ein Brief von Papa im Briefkasten steckt. Aufmerksam hören die Kinder zu, als Mama vorliest:

„Liebe Petra, lieber Sven und lieber Tim, es ist wirklich schade, dass ich Euch drei nur aus weiter Ferne und in Gedanken in die Arme schließen kann.

Hier, in Amerika, ist der Weihnachtstrubel in vollem Gange. Viele Häuser sind mit unzähligen Lichtern geschmückt, alles ist hell und bunt und noch nie habe ich so viele Weihnachtsmänner gesehen wie hier. Und alle lachen wie Opa Jansen: Hohoho!

Der amerikanische Weihnachtsmann heißt übrigens Santa Claus und kommt in der Weihnachtsnacht vom Nordpol. Dazu benutzt er einen bequemen Schlitten, der von Rentieren gezogen wird. Und zwar so schnell, dass er nur so über die Häuser hinwegfegt. Aber er hält natürlich überall dort an, wo Kinder ihre Strümpfe an den Kaminsims gehängt haben.

Erst wenn alle Kinder schlafen, schleicht Santa Claus heimlich durch den Kamin in die Weihnachtsstuben und füllt die Strümpfe mit Geschenken.

Und schon ist er auf und davon mit seinem superschnellen Rentiergespann!"

Weihnachtliches Basteln und Geschichtenlesen

Heute ist Basteln und Lesen bei Lauras und Noras Eltern angesagt. Die größeren Kinder aus der Nachbarschaft treffen sich im grünen Haus der Familie Volkmann. Sie haben Goldfolie, buntes Papier, Klebstoff, Bleistifte und Scheren mitgebracht. Damit der Nachmittag noch spannender wird, versprechen Werner und Barbara, den Kindern nach der weihnachtlichen Arbeit Geschichten vorzulesen.

Goldsterne

Goldfolie mit einem Durchmesser von mindestens 6 cm kreisförmig zuschneiden. Dann dreimal falten bis ein Achtelkreis entsteht.

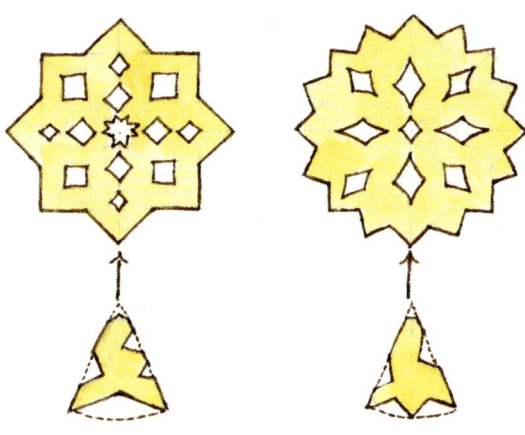

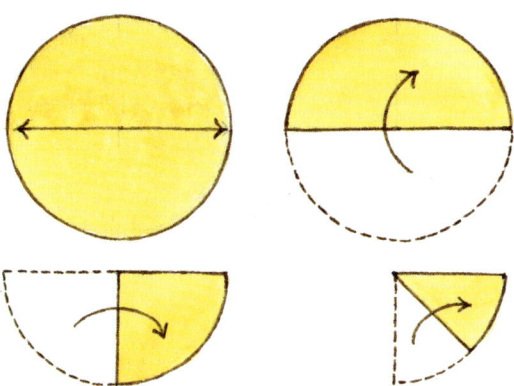

Jetzt kleine Dreiecke an den Kanten herausschneiden. Damit ein Stern entsteht, am Rundbogen ein Dreieck, oder gleich mehrere kleine Dreiecke ausschneiden.
Der Stern in der Mitte entsteht, wenn man die Spitze des Achtelkreises einschneidet. Einfach ausprobieren, es gibt die tollsten Möglichkeiten!

Weihnachtsgirlanden

Dafür benötigen wir farbige Papierstreifen, die man wie eine Ziehharmonika faltet. Das Motiv auf das oberste Blatt aufzeichnen. Ganz wichtig ist, dass zum Beispiel der Stern oder der Tannenbaum nicht bis in die Spitzen ausgeschnitten wird. Sonst fällt alles auseinander.

Also, immer mindestens zwei stumpfe Spitzen einbauen, dann klappt es bestimmt! Mit mehreren kurzen Ketten könnt ihr lange Girlanden zusammenkleben.

Weihnachtsmann

Wir brauchen einen Apfel, eine Walnuss, Watte, rotes Papier, Wasserfarben und Klebstoff.
Nun muss auf die Nuss ein Nikolausgesicht gemalt werden. Aus einem kreisförmig zugeschnittenen Stück rotem Papier entsteht eine Zipfelmütze. Vorsichtig den Wattebart ans Kinn kleben. Dann den Kopf auf dem polierten Apfel befestigen.
Fertig ist der Weihnachtsmann.

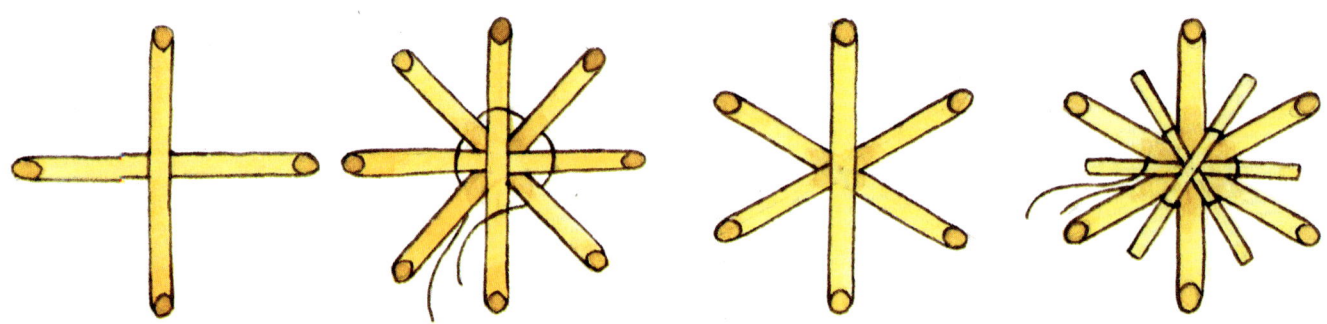

Strohsterne

Zunächst muss das Stroh in lauwarmem Wasser eingeweicht werden. Die weichen Halme schräg anschneiden. Nun werden mit jeweils zwei gleich langen Halmen zwei Kreuze gebildet, die ihr dann sternförmig übereinander legt. Ein Zwirnsfaden wird abwechselnd oben und unten um die Halme geflochten und verknotet. So entsteht der Vierer-Stern.
Einen Sechser-Stern macht man zunächst aus drei gleich langen Halmen. Ein zweiter Stern aus drei kürzeren Halmen wird über den ersteren gelegt und wieder mit einem Faden verflochten.

Bratäpfel

Barbara überrascht die Kinder mit Bratäpfeln. Hier ist das Rezept: Für fünf Äpfel benötigen wir 3 El. gemahlene Haselnüsse, 4 El. eingeweichte Rosinen, 3 El. gehackte Mandeln, 3 El. Pistazien, Marmelade, Butter, Zimt und Zucker. Die Kerngehäuse der Äpfel so ausstechen, dass ein geschlossener Boden bleibt. Die Höhlung mit Butter ausstreichen. Die Zutaten mit etwas Marmelade mischen und in die Äpfel füllen. Zimt und Zucker darüber. Dann in einer gebutterten feuerfesten Form bei 160 bis 180 Grad etwa 25 Minuten lang backen.

Nun aber ist endlich das versprochene Geschichtenvorlesen an der Reihe.

Willi, der Weihnachtswichtel

Willi freut sich jedes Jahr auf die Winterzeit. Dann nämlich erzählt Oma den Wichtelkindern Weihnachtsgeschichten. Begeistert hören die Kleinen zu. Am schönsten finden Willi und seine Geschwister die Geschichte vom Weihnachtsmann...
Der Wichtel erzählt Kaninchen Kalle davon.

Da wird das Kaninchen ganz traurig und sagt: „Wir Tiere bekommen nie etwas zu Weihnachten geschenkt!" Empört berichtet Willi seiner Oma, was sein bester Freund, Kaninchen Kalle erzählt hat. Oma sagt: „Ja, das stimmt. Niemand hat an Weihnachten eine Überraschung für die Tiere..."
Das lässt Willi keine Ruhe. Er beschließt: „Ich werde mich als Weihnachtsmann verkleiden und allen Freunden ein kleines Geschenk bringen!"

„Freust du dich auch so auf die Geschenke?", fragt er seinen Freund.

Mit Omas Hilfe wird aus Willi ein Weihnachtswichtel. Zunächst näht sie einen zünftigen Mantel. Schön rot, mit Kapuze. Dann füllen die beiden einen Sack mit Geschenken. Als sich Willi auf den Weg macht, nickt Oma zufrieden und ruft: „Willi, du siehst aus wie ein echter Weihnachtsmann!"

Natürlich besucht der Weihnachtswichtel als erstes seinen besten Freund. „Frohe Weihnachten, Kalle!", ruft er und überreicht ihm einen Riesenbund Karotten.

Das Kaninchen bekommt feuchte Augen vor Freude und sagt: „Ich kann's nicht fassen, Möhren vom Weihnachtsmann persönlich!" Als der Wichtel bei den Mäusen anklopft, kommt die gesamte Familie heraus. „Schaut nur, was der Weihnachtsmann bringt!", ruft der Vater. „So ein großes Stück Käse!", fiepsen die Kinder.

Ein Weihnachtswichtel muss auch klettern
können. Hoch oben haben die Blaumeisen
ihr Nest. Sie sind ziemlich überrascht, zu
Weihnachten mit knackigen Körnern und
einem Meisenmüsli-Ring beschenkt zu
werden.
Willi ist ein schlauer Wichtel. Er sagt zu sich:
„Wenn ich schon in diesen Baum klettere,
dann bringe ich auch den Eichhörnchen
etwas!"
Er reicht ihnen ein prall gefülltes Säcklein in
die Baumhöhle. Aufgeregt öffnen die
Eichhörnchen das Geschenk.

Als sie die köstlichen Nüsse erblicken, bedanken sie sich: „Das ist wunderbar! Wir dachten schon, den ganzen Winter lang Bucheckern knabbern zu müssen!" Willi schleicht in die Bärenhöhle. Mama und Baby halten Winterschlaf. Falls sie aber an Weihnachten aufwachen, freuen sie sich bestimmt über einen Schleck-Honig!

Stolz kehrt Willi heim und erzählt, wie sehr sich die Tiere gefreut haben. Mama sagt liebevoll: „Dann komm schnell, du kleiner Weihnachtswichtel. Der Weihnachtsmann hat auch uns Geschenke gebracht!"

Brummi, der Schneebär

In der Ecke eines Spielzeuggeschäftes
sitzt ein trauriger Teddybär...
Es ist Brummi. Brummi ist einsam. Oft
träumt er davon, dass ihn ein Kind
liebevoll in die Arme schließt...
Eines Tages kauft eine nette Dame den
Teddy. Ob Brummis Wunschtraum
endlich in Erfüllung geht?

In buntes Papier gewickelt wird
Brummi zur Geburtstags-
überraschung für Peter.
Die Tante merkt aber gleich, dass
sich Peter über den Teddy nicht
besonders freut. Der Junge ist
verwöhnt. Er schaut sich Brummi
kurz an und legt ihn gelangweilt
beiseite...
Armer Brummi! Da landet er auf
einem Haufen Spielzeug, mit dem
Peter nicht spielen mag... Vielleicht
hat Peter nie gelernt, sich selbst
Spiele auszudenken. Seine
Spielzeuge machen alles
automatisch. Sie fahren und
piepsen und knattern und
flimmern.
Und wenn die Batterien leer
sind, tun sie nichts mehr...
Brummi findet das
sehr schade!

Peters Kusine Eva kommt zu Besuch. Als sie Brummi entdeckt, tröstet sie den Teddy: „Das ist typisch Peter! Du bist kein Roboter, du hast keine Drehknöpfe, nichts piepst, nichts flimmert, also weg damit! Dabei bist du so ein süßer Kuschelbär!"

Dann fordert sie den Jungen auf, gemeinsam mit dem Teddy Schlitten zu fahren. Sogar Peter hat viel Spaß dabei! Allerdings werden auch die fröhlichen Kindernasen im Schnee kalt und rot.

Durchgefroren eilen die drei heimwärts. Dabei passiert es: Brummi fällt vom Schlitten...
Brummi scheint wirklich kein Glück zu haben. Kaum hat er ein bisschen Zuneigung bekommen und Freude gehabt, da liegt er auch schon im Schnee. Verloren und vergessen! Und es schneit, und schneit, und er wird von den Flocken regelrecht zugedeckt.

Plötzlich hört der Teddy Schritte...

Es sind die Stiefel des Weihnachtsmannes, die im Schnee knirschen. Als er sich nach einer verlorenen Mütze bücken will, zieht er stattdessen einen ganzen Teddybären aus dem Schnee! „Hohoho!", lacht da der Nikolaus und fragt: „Wen haben wir denn da? Bist du etwa ein Schneebär?" Brummi erzählt dem Weihnachtsmann seine Geschichte. Als ihn der Nikolaus Peter zurückbringen will, sagt der Teddy: „Ich möchte nicht zu Peter. Der wirft mich nur in eine Rumpelkiste. Ich bin doch Brummi, von mir aus ein Schneebär. Auf jeden Fall bin ich ein Teddy zum Liebhaben!"

Da sagt der Weihnachtsmann: „Du hast recht. Ich weiß jetzt, wohin ich dich bringen werde!"

- Sie gehen zu einer Familie, die sich keine großartigen Geschenke leisten kann. Der Nikolaus erzählt: „Das ist Brummi, der Schneebär. Ich habe ihn im Weihnachts-wald gefunden. Und ich habe versprochen, diesen Teddy nur zu einem Kind zu bringen, das ihn wirklich lieb hat."

Mit leuchtenden Augen nimmt Thomas den Teddybären in die Arme. Brummi fühlt, dass er bei diesen Menschen gut aufgehoben ist...

Brummi und Thomas werden unzertrennliche Freunde. Brummi hätte es nirgendwo auf der Welt besser antreffen können. Jeden Abend nimmt Thomas den Teddy mit in sein Bett. Und während des Tages muss sich der kuschelige Schneebär nie alleine fühlen...

Ein finnischer Brauch

„Bei dem vielen Schnee in den Geschichten", sagt Werner Volkmann, „fällt mir ein Brauch ein, den man in Finnland pflegt."

Klar, dass die Kinder nun auch noch davon hören möchten und überhaupt nichts vom Nachhausegehen halten. Werner erzählt: „In Finnland liegt im Winter so viel Schnee, dass selbst die riesigen Elche Schwierigkeiten haben, genug zum Fressen zu finden.

Deshalb binden Erwachsene und Kinder an Weihnachten Korngarben und Heu an Stöcke, die sie ins Geäst der Bäume stecken."

Er berichtet weiter, dass man auch an Hasen, Hunde und Katzen denkt und für die Vögel Talgbälle voller Sonnenblumenkerne in die Äste hängt. So erinnern die Menschen in Finnland daran, dass auch die Tiere Geschöpfe Gottes sind...

Spontan sagt Frederik: „Das könnten wir doch genauso machen!"

„Au ja!", rufen die anderen und nehmen sich vor, gleich morgen Futter für die Tiere auszulegen.

Sven sagt: „Dann muss ich ja für Benni ein paar Dosen Hundefutter in die Bäume hängen."

Vor allem die Mädchen lachen sich kaputt bei dieser witzigen Vorstellung. Laura fügt hinzu:
„Vergiss nicht, einen Büchsenöffner dazu zu hängen, oder meinst du, dass Käpten Jansens Piratenkatzen deinem kleinen Hund helfen werden?"

An diesem Abend treffen sich die Kinder bei Opa Jansen. Der behauptet nämlich, er habe ein Buch über einen Weihnachtsosterhasen. Die kleinen Zuhörer sind gespannt...

Olli Hoppel hilft dem Nikolaus

Kennt ihr Olli Hoppel?
Olli hat schon allerlei erlebt in seinem
jungen Hoppelhasenleben.

Als Osterhase hat er seinem Papa geholfen.
Seinen Freund, den Waschbären Paule,
hat er davor bewahrt,
ein Eierdieb zu werden.
Aus dem tiefen Wald hat er nur
mit Hilfe des Leuchtkäfers Flimmi
nach Hause gefunden.

Und in die Schule geht Olli Hoppel
besonders gern...

Pünktlich zu den Winterferien fängt es an zu
schneien.
„Schaut her, morgen können wir bestimmt im Schnee
toben!", sagt Olli und zeigt seinen Geschwistern das
Schneetreiben vor der Tür.

Uschi und Baby freuen sich sichtlich...

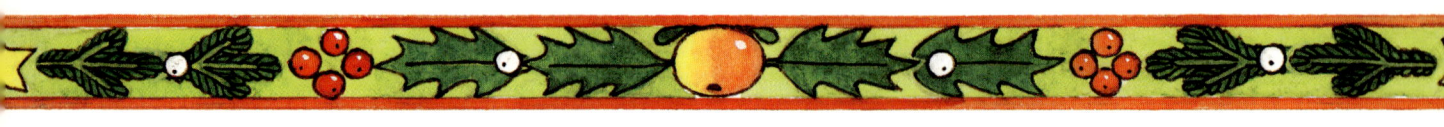

So viel Schnee haben die Hasenkinder nicht erwartet!
Fröhlich schiebt Olli seine Geschwister auf dem Schlitten, als sie Paule und
Pinsel begegnen.

„Komm mit auf den Hügel!", sagt Pinsel, das Eichhörnchen.
Olli möchte Uschi und Baby den Schlitten nicht wegnehmen.
Aber Olli hat immer eine Idee.
Er sagt: „Ich hol rasch einen Eierkorb. Damit kann man bestimmt auch Schlitten
fahren!"

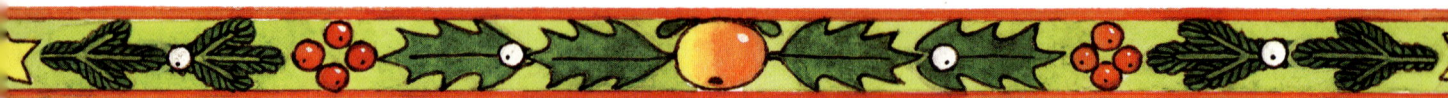

Als Olli in seiner Eierkiepe den Hang hinabwirbelt, ruft Paule: „He! Schau mal!
Das ist ja noch viel besser als Schlitten fahren!"
Pinsel lacht und sagt schelmisch: „Weißt du das denn nicht? Das ist der neueste
ober-coole Wintersport. Das ist Eierkiepen-Super-Rodel!"

Nun wollen es alle drei mit dem Eierkorb ausprobieren!

Übermütig fegt Pinsel
bergab,
dass der Schnee nur so
wirbelt
und stiemt!

Auch Paule ist ein
meisterhafter
Eierkiepen-Wirbel-Rodler!

Olli wird es regelrecht
schwindelig von diesem
verrückten Winterspaß!

Irgendwann aber haben Olli, Pinsel und Paule genug vom Herumtoben.
Olli muss sich auch um seine Geschwister kümmern.
„Wie wär's, wenn wir morgen eine neue Runde Eierkiepen-Rodeln
veranstalteten?", fragt er seine Freunde zum Abschied.
„Super Idee!", meinen Paule und Pinsel.

Auf dem Heimweg hört Olli plötzlich
jemanden verärgert murren: „Muss das
denn gerade jetzt passieren?"

Neugierig schleicht Olli näher. Zunächst
will er nicht glauben, was er da erblickt,
als er hinter einem Baum hervor späht.
Doch es besteht kein Zweifel:
Wer da ratlos auf seinem zusammen-
gebrochenen Schlitten sitzt, ist der
Weihnachtsmann!

Olli Hoppel nimmt allen Mut zusammen
und spricht ihn an:
„Guten Abend, lieber Nikolaus, kann ich
irgendwie helfen?"

Erschrocken fasst sich der Weihnachtsmann an den Kopf und sagt: „Beim tannenzapfigen Immergrün! Hab' ich mich so sehr gestoßen, dass ich schon Osterhasen sehe!?"

Olli hat Respekt vor dem heiligen Mann. Aber er findet, dass er auch lustig sein kann. Der Nikolaus erzählt, wie er gestolpert ist und sagt: „Nun ist der Schlitten kaputt, der Geschenksack zerrissen und mein Fuß verstaucht! Ich glaube, ich muss dein freundliches Hilfsangebot annehmen.."

Der Weihnachtsmann erklärt, dass er nur noch zwei Familien beschenken muss.

Olli sagt: „Die Häuser oben am Hügel kenn' ich. Da hab' ich schon mal Ostereier versteckt."

Da meint der Nikolaus: „Aber bitte, sei so lieb und verstecke die Weihnachtsgeschenke nicht in irgendwelchen Schneenestern! Du musst sie vor die Türen legen und klopfen..."

Dann wird er sehr nachdenklich und sagt: „Und lass dich bloß von niemandem sehen! Es muss unser ewiges Geheimnis bleiben, dass mir ein Osterhase aus der Patsche geholfen hat, versprochen?"

Zum Abschied ruft der Nikolaus noch: „Das letzte Päckchen im Korb ist für dich und deine Geschwister!"

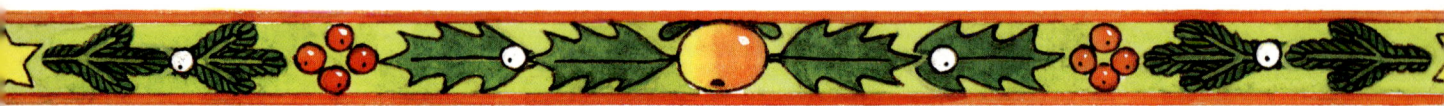

Olli hastet durch den
Winterwald.
Er möchte vor Einbruch der
Dunkelheit seine Aufgabe
erfüllen. Also zieht er kurz
entschlossen seine Stiefel aus.
So erreicht er im schnellen
Osterhasenschritt die Häuser
auf dem Hügel...

Wie ihm der Nikolaus
aufgetragen hat, legt er die
Geschenke vor die Tür. Er passt
gut auf, dass ihn niemand sieht.

Der Schneemann wird ihn
bestimmt nicht verraten!
Dann klopft er und versteckt
sich flink!

Zwei Kinder kommen an die Tür
gestürmt.
Das Mädchen ruft überrascht:
„Schau mal, lauter Geschenk-
päckchen!"
Der Junge sagt: „Das war der
Weihnachtsmann! Ich glaube,
ich habe ihn noch gesehen.
Ganz bestimmt, dort hinten!"

Olli Hoppel lächelt und denkt:
„Wenn ihr wüsstet! Sicherlich
wird der Weihnachtsmann jetzt
seinen Schlitten reparieren und
den verstauchten Fuß pflegen...

Die aufgeregte Freude der
Kinder macht ihn aber sehr
zufrieden und glücklich.

Spät kommt Olli nach Hause. Familie Hoppel hat sich bereits Sorgen gemacht.

Mamas erste Frage ist: „Wo sind denn deine Stiefel?"
„Ach, die hab' ich im Wald versteckt, damit ich schneller laufen kann", murmelt Olli so beiläufig wie möglich.

Da sagt Papa Hoppel: „Wir wissen Bescheid. Eine der geschwätzigen Krähen hat dich beobachtet. Du kannst bei der Wahrheit bleiben..."

Olli fühlt sich erleichtert. So muss er keine Geschichte erfinden, woher wohl das Geschenkpäckchen stammt. Uschi und Baby sind schon ganz begierig auf den Inhalt! Und Olli ist sich ganz sicher, dass die Familie des Ostereier-Malermeisters Hoppel ein Geheimnis bewahren kann!

Das Geheimnis, wie Olli dem Nikolaus aus der Patsche geholfen hat...

Endlich ist Weihnachten

Endlich ist Weihnachten. In allen Familien warten die Kinder ungeduldig auf den Heiligen Abend.

Sven und Tim feiern mit ihrer Mama bei den Großeltern. Neugierig schielen die Jungen zum prächtig geschmückten Christbaum, wo lauter Geschenk-päckchen liegen. Alle sind in buntes Weihnachtspapier gewickelt und mit Schleifen liebevoll verziert. Doch Oma Jansen besteht darauf, dass vor der Bescherung die Weihnachtsgeschichte vorgelesen wird.

„Alte Familientradition!", lästert Opa Jansen und zwinkert seinen Enkelkindern zu.

„Wir sollten nicht vergessen, weshalb wir Weihnachten feiern, Käpten Brummbär!", ermahnt Oma lächelnd. Sie holt die dicke Bibel, blättert geräuschvoll in den Seiten, und fängt an vorzulesen.

Gespannt lauschen alle den feierlichen Worten, die Oma aus der Heiligen Schrift vorliest.

Sie berichten davon, wie vor langer Zeit der römische Kaiser Augustus sein Volk zählen ließ.

Er befahl, dass sich jeder in dem Ort zu melden habe, aus dem er stammte. So machten sich auch Josef und Maria auf den langen Weg von Nazareth nach Bethlehem. Die Reise war besonders beschwerlich, weil Maria schwanger war. Als sie endlich in Bethlehem angekommen waren, fanden sie keine freie Herberge, wo sie hätten übernachten können. In ihrer Not suchten Maria und Josef Zuflucht in einem Stall. Und dort, zwischen Ochsen, Eseln und Schafen musste Maria ihr Kind zur Welt bringen.

So geschah es also, dass Jesus Christus, der König der Juden, ganz armselig in einer Krippe auf Heu und Stroh gebettet werden musste.
Aber die Engel des Himmels verkündeten das große Ereignis den Hirten auf dem Felde. Sie eilten zum Stall, um Gottes Sohn anzubeten. Denn so war es von Gott geplant worden, dass Marias Kind Jesus als Sohn Gottes auf die Welt kommen sollte, um den Menschen Trost und Erlösung zu bringen...

Weit im Landesinneren, in Richtung Sonnenaufgang, erkannten drei weise Männer das wunderbare Ereignis.
Die drei waren mächtige Fürsten, Könige in ihrem Wüstenreich.
Als sie einen hellen Stern am Himmel erblickten, wussten sie, dass er sie zu einem neugeborenen Kind leiten würde, das einmal König der Juden werden sollte. Also machten sich die Weisen aus dem Morgenland auf den Weg und folgten dem Stern von Bethlehem...

Sie fanden den Stall, um das Christkind anzubeten. Als Geschenk hatten sie das Wertvollste mitgebracht, das man zu jener Zeit auf dem langen Weg durch die Wüste hatte mitnehmen können: Gold, Weihrauch und Myrrhe...
Zur Erinnerung feiern wir jedes Jahr am 6. Januar das Fest der Heiligen Drei Könige.

Das schönste Weihnachtsgeschenk

Nachdem Oma die Weihnachtsgeschichte vorgelesen hat, dürfen Kinder und Erwachsene die bunten Geschenkpakete öffnen. Sven und Tim probieren gerade die neuen Spielsachen aus, da klopft es an der Tür. „Donnerknall und Sturmgebraus!", poltert Opa Jansen. „Wer will uns denn jetzt noch überraschen?"
Die Tür öffnet sich - und die Jungen schreien vor Freude: „Paaapa!!! Papa ist gekommen!!!" - In allen Häusern der freundlichen Nachbarschaft werden die Menschen mit Weihnachtsgeschenken verwöhnt. Für Petra und ihre Kinder ist aber Norberts unerwartete Rückkehr aus Amerika die größte Überraschung. Sven und Tim bringen es auf den Punkt: „Papa, du bist einfach das allerschönste Weihnachtsgeschenk!"

Dein Adventskalender

Anleitung zum Basteln des Adventskalenders

Am besten bittest du jemanden um Hilfe, denn du brauchst ein scharfes Papiermesser, Klebstoff und etwas Geduld!

1) Trenne das Blatt mit dem Adventskalenderbild und das Blatt mit den kleinen Bildern aus dem Buch.

2) Schneide beide Blätter an den Umrisslinien aus.

3) Schneide auf dem Adventskalenderbild mit einem Papiermesser die 24 Türchen aus. Nur die drei durchgezogenen Linien ausschneiden! Die Punktlinien sind die Scharniere der Türchen.

4) Nun die beiden Blätter aufeinander kleben. Aber Vorsicht, kein Klebstoff auf die Bildchen! Sonst lassen sich die Kalendertüren nicht mehr öffnen. Also, ganz sparsam, nur im gelb eingefärbten Bereich kleben.

Viel Spaß mit deinem selbstgebastelten Adventskalender.